301

Adivinanzas y acertijos para niños

Los mejores enigmas que despertarán su curiosidad

G H I A   A R Y A

Índice

Animales

1

Soy un animal muy lento, con casa a cuestas voy. Siempre me verás en el suelo, ¿quién soy?

2

Vivo en el agua, pero no soy pez. Salto y nado, ¿quién crees que soy?

3

Soy muy astuto, y en el bosque me escondo. Cazo de noche, y mi rabo es pomposo.

4

Vuelo de noche y mi canto es sonoro, mis ojos brillan en la oscuridad, te observo desde lo alto, sin hacer ningún ruido, ¿quién soy?

5

Viste de blanco y negro, vive en el hielo, camina con gracia y no vuela al cielo. ¿Quién soy?

6

Soy grande y gris, con trompa y orejas enormes. Vivo en la sabana, ¿puedes decir mi nombre?

7

Me gusta trepar, me encanta saltar, y si te descuidas, una banana te voy a robar.

8

Vivo en el mar y me encanta saltar, soy muy inteligente y me gusta jugar.

9

Me ves por el aire volar, en las flores me encanta posar. Sin mí, muchas plantas no podrían brotar.

10

Doy leche blanca y vivo en el campo. Mi nombre tiene cuatro letras, dime rápido, ¿quién soy?

11

Tengo patas muy largas y cuello estirado, me ves entre árboles, siempre mirando. Como hojas de arriba, con gran agilidad, ¿quién soy?

12

Soy muy curioso, y un ladrón también. Tengo máscara en los ojos, adivina quién soy

13

Me camuflo con hojas y ramas, me muevo despacio, casi no me ves. ¿Quién soy?

14

Soy el rey de la selva y tengo una gran melena. A todos los animales les doy miedo.

15

En el mar soy temido, con dientes afilados. Si me ves nadando cerca, sal del agua, ¡cuidado!

16

Camino de lado a lado, tengo pinzas, y mi casa llevo encima. ¿Quién soy?

17

Soy rayado y fuerte, parezco un caballo, pero en la selva es donde yo ando.

18

Soy grande, fuerte, y si me ves en la sabana, mejor aléjate rápido, o te daré una cornada.

19

Soy larga y me arrastro, y si no me ves, ten cuidado, porque puedo morder. ¿Quién soy?

20

Vivo en el desierto y almaceno agua, para caminar largas jornadas sin pausa.

21

Tengo ocho patas y tejo sin parar, mis hilos son fuertes, ¿quién soy?

22

Cazadora de ratones soy, con mis bigotes y mi maullido, a tu casa me voy.

23

Si me ves correr, será un gran susto, porque soy verde y de dientes robustos.

24

Salto en las praderas, y tengo orejas grandes. Soy rápido y peludo, y a veces te espanto en los parques.

25

Vivo en la granja y pongo huevos, a veces cacareo y a veces te asombro con mi vuelo.

26

Soy muy juguetón y en el agua me gusta chapotear. Dicen que tengo una sonrisa, y en el circo me podrás encontrar.

27

Soy muy grande, y mi piel es dura. A veces me llaman el gigante del mar, porque peso más que una grúa.

28

Vivo en el campo y siempre digo "oink". Me gusta revolcarme en el lodo. ¿Quién soy?

29

Dicen que salto más alto que nadie, con patas fuertes y cola gigante.

30

Vivo en la montaña y no paro de balar, mi lana te abriga, cuando la quieras usar.

Respuestas

1. Tortuga
2. Rana
3. Zorro
4. Búho
5. Pingüino
6. Elefante
7. Mono
8. Delfín
9. Abeja
10. Vaca
11. Jirafa
12. Mapache
13. Camaleón
14. León
15. Tiburón
16. Cangrejo
17. Cebra
18. Rinoceronte
19. Serpiente
20. Camello
21. Araña
22. Gato
23. Cocodrilo
24. Conejo
25. Gallina
26. Delfín
27. Ballena
28. Cerdo
29. Canguro
30. Oveja

Cosas del hogar

31

Tengo cuatro patas, pero no sé andar, me usan para sentarse o descansar.

32

Me abres y cierras cuando vas a entrar, en cada casa, siempre me encontrarás.

33

De día te olvidas de mí por completo, pero de noche te abrazo en tu lecho.

34

Tengo fuego adentro, me usas al cocinar, ¿quién soy en la cocina, para todo calentar?

35

En mi espejo te miras cuando te quieres peinar, soy del baño, y a diario me vas a usar.

36

Tengo dos manecillas que no paran de girar, el tiempo te digo, en todo lugar.

37

Fría por dentro, caliente no soy, me abres de día y guardo lo que comes hoy.

38

Giro y giro sin parar, cuando hace calor me pones a trabajar. Estoy en el techo o en el rincón, y con mis aspas te doy refrescón. ¿Qué soy?

39

Aunque sin manos, en mi interior, platos y vasos lavo sin error.

40

Soy suave y redonda, en la sala me verás, cuando te quieres sentar, siempre me buscarás.

41

Cuando estás cansado y te quieres limpiar, con agua caliente te puedo ayudar. Estoy en el baño, listo para actuar, ¿quién soy, que te hará relajar?

42

De noche me enciendes para iluminar, con mi luz la oscuridad puedo espantar. En la mesa o el techo me vas a encontrar, ¿quién soy que en la casa no puede faltar?

43

En la mesa siempre estoy, con cuchillo y tenedor voy.

44

Voy por el suelo y no sé volar, soy suave y a veces me tienes que limpiar.

45

Tengo dos cristales, pero no soy ventana, si quieres ver mejor, conmigo verás con ganas.

46

Soy de metal o de madera, siempre me usas al comer.
Llevo la comida a tu boca, adivina, ¿quién puedo ser?

47

Aunque soy cuadrada, limpio el suelo al andar, barro
todo a mi paso, de noche o de día, da igual.

48

Aunque soy pequeña, ilumino sin cesar, y cuando me
enciendes, todo está brillante.

49

Con el agua yo trabajo, para limpiar todo lo que lavo.
¿Quién soy?

50

Con dientes de metal, abro lo que está cerrado, sin mí,
en casa, el paso está negado. ¿Quién soy?

51

Siempre en la cocina, con filo cortante, las verduras picamos, soy importante. ¿Quién soy?

52

Tengo la respuesta a lo que me preguntas, con mil canales te informo o asustas.

53

A veces de cristal, otras de metal, sirvo para beber, ¿quién soy?

54

En el salón o en tu cama me podrás ver, dentro de mí los libros podrás tener.

55

Me usas en la cocina, soy plana y caliente, para hacer tortillas, soy muy eficiente.

56

Conmigo la ropa se tiende al sol, sin mí en el tendedero no hay control.

57

En el baño estoy y te hago secar, después de ducharte, me vienes a buscar.

58

Guardo la ropa y también los zapatos, tengo puertas y cajones para tus trapos. ¿Quién soy?

59

Me abres y cierras para dejar el frío fuera, soy de vidrio, ¿quién será, quien espera?

60

Te limpio la cara y también las manos, me mojas primero y luego me usas a diario. ¿Quién soy?

61

Soy grande y suave, me usas de noche para descansar. Con sábanas y almohada te arropo, ¿quién soy que te ayuda a dormir bien?

62

Me ves frente a ti cuando te quieres peinar, reflejo tu rostro sin fallar. Estoy en la pared o en algún lugar, ¿quién soy que te hace mirar?

63

Con luces pequeñas o grandes también, ilumino tu cuarto para verte bien. Estoy en la mesita o colgada quizás, ¿quién soy?

64

En mí te sientas cuando quieres estudiar, frente al cuaderno o el ordenador estarás. Con patas y respaldo te doy comodidad, ¿quién soy?

65

Con puertas de vidrio o a veces de madera, me abres al sol o a la brisa entera. Dejo entrar la luz y el aire también, ¿quién soy que te refresca?

66

De colores y formas me puedes encontrar, sobre tu cama me sueles tirar. Soy grande y te cubro del frío al pasar, ¿quién soy que te hace calentar?

67

En mí horneas y me pongo caliente, cocino pasteles y panes de repente. Estoy en la cocina sin parar, ¿quién soy que te hace disfrutar?

68

Soy de metal o de vidrio también, me llenas de agua para hervir bien. En la cocina me ves calentar, ¿quién soy que te ayudo a cocinar?

69

Colgada en la pared siempre me verás, a veces de números te contaré más. El tiempo te indico sin cesar, ¿quién soy que no deja de marcar?

Con cuatro patas firme estoy, los libros y flores en mí pondrás hoy. A veces redonda o cuadrada también, ¿quién soy que adorna muy bien?

Respuestas

31. Silla
32. Puerta
33. Cama
34. Estufa
35. Lavabo
36. Reloj
37. Nevera
38. Ventilador
39. Lavavajillas
40. Sofá
41. Ducha
42. Lámpara
43. Plato
44. Alfombra
45. Gafas
46. Cuchara
47. Escoba
48. Bombilla
49. Lavadora
50. Llave
51. Cuchillo
52. Televisión
53. Vaso
54. Estantería
55. Sartén
56. Cordel
57. Toalla
58. Armario
59. Ventana
60. Jabón

61.	Cama
62.	Espejo
63.	Lámpara
64.	Silla
65.	Ventana
66.	Manta
67.	Horno
68.	Olla
69.	Reloj
70.	Mesa de centro

Frutas y verduras

71

Soy amarilla y curvada, a los monos les gusta de todas las formas. Mi cáscara quitas antes de comer, ¿sabes ya quién puedo ser?

72

Verde por fuera, roja por dentro, con muchas semillas en mi centro. En el verano te refresco, soy jugosa, ¿qué fruta soy tan famosa?

73

Soy verde o morada, en racimos crezco sin parar, en el vino o en la mesa me puedes encontrar. Mi piel es suave, y también jugosa, ¿quién soy?

74

Con mi piel roja o a veces verde, soy la fruta que a diario sorprende. Dicen que una al día, te mantendrá bien, ¿qué fruta soy?

75

Crezco en arbustos y soy pequeño y dulce, en el yogurt y en las tartas estoy, mi color es azul, ¿sabes quién soy?

76

Verde por fuera y peludo tal vez, por dentro soy ácido, pero dulce también. Me parto a la mitad, y con una cuchara me verás, ¿qué fruta soy, adivinarás?

77

Soy un vegetal de hojas verdes, en las ensaladas siempre me encuentras. Crudo o cocido, me puedes comer, ¿quién soy que te hace ver bien?

78

Redondo y morado, en salsas me verás, cuando me cortas, ¡a llorar te pondrás! Soy fuerte y picante en cualquier rincón, ¿sabes ya, qué verdura soy?

79

Rojo y pequeño, en racimos me ves, soy el ingrediente estrella que tú ves. En la pizza me amas, y en la salsa igual, ¿quién soy tan especial?

80

Verde y alargado, en ensaladas estoy, con un poco de sal me comes hoy. Mi piel no es comestible, pero soy sabroso, ¿qué vegetal soy?

81

Soy pequeña y muy picante, en salsas calientes soy importante. Rojo o verde me vas a ver, ¿quién soy que no te deja de sorprender?

82

Soy blanco y suave, y si me calientas, me derrito. En pizzas y pastas, soy tus suspiros. Me derrito en tu boca, soy un gran sabor, ¿quién soy? ¡Por favor!

83

Soy largo y me comes con tenedor, en Italia me adoran por mi sabor. Me mezclas con salsa para mejorar, ¿quién soy, que en tu plato voy a estar?

84

Blanca y suave, en el pan me pones, soy un lácteo que todos comen. Me pones en tostadas o galletas también, ¿quién soy que a todos les caigo bien?

85

Soy blanco y ovalado, y con mucho cuidado, en sartenes me fríes o revuelves sin enfado. En tortillas o pasteles me verás brillar, ¿quién soy que te hace suspirar?

86

Soy marrón por fuera, pero por dentro te endulzo la boca. Me usas en postres, galletas o pan, ¿quién soy que no dejo de gustar?

87

En cubos me verás, en las bebidas soy genial además. Si me derrito, me desaparezco, ¿qué soy, que en el calor no me crezco?

88

Tengo corona y soy tropical, mi piel es rugosa y un poco brutal. Pero por dentro soy dulce y genial, ¿quién soy que te hago soñar?

89

De cáscara fina y amarillo soy, si me exprimes, jugo obtendrás hoy. Ácida o dulce, siempre te gustaré, ¿quién soy?

90

Tengo piel verde y rugosa al tocar, por dentro soy suave y fácil de untar. Junto a los tacos me puedes encontrar, ¿quién soy que te va a encantar?

Respuestas

71. Plátano
72. Sandía
73. Uva
74. Manzana
75. Arándano
76. Kiwi
77. Espinaca
78. Cebolla
79. Tomate
80. Pepinillo
81. Chile
82. Queso
83. Espagueti
84. Mantequilla
85. Huevo
86. Chocolate
87. Hielo
88. Piña
89. Limón
90. Aguacate

Naturaleza

91

De colores soy, en el campo estoy, vuelo de flor en flor con gran esplendor. Soy pequeña y ligera, ¿quién soy en primavera?

92

Soy brillante y amarillo, en el cielo estoy, en el día te caliento, y en la noche me voy.

93

Soy redonda y plateada, en la noche te ilumino, y cuando estoy llena, ¡todos me admiran!

94

Verde y alta me verás crecer, doy sombra y frutos por doquier. Mi tronco es fuerte y mi copa frondosa, ¿quién soy?

95

Soy frío y blanco, del cielo caigo suave cuando el invierno llega, ¿quién soy?

96

Mi voz suena fuerte en las noches de tormenta, hago un gran estruendo que a todos despierta.

97

Soy alta y de piedra, en la tierra me verás, toco el cielo y me quedo quieta, ¿qué soy, adivinarás?

98

Cuando el sol aparece y la lluvia ha pasado, mis colores brillan y todos quedan encantados.

99

Mi canto es el ruido de hojas al bailar, en el campo y el bosque me podrás escuchar. Soy invisible y siempre estoy, ¿quién soy?

100

Soy el agua que corre sin parar, en las montañas me verás bajar. Soy grande y caudalosa, a veces peligrosa, ¿quién soy en la naturaleza poderosa?

101

Soy pequeña y luminosa, en la noche me verás, parpadeo en el cielo, brillando sin parar.

102

Soy caliente y poderoso, salgo de la tierra a veces furioso. Arrojo lava y humo sin cesar, ¿quién soy, que te puedo asustar?

103

Caigo del cielo con un tamborileo, riego la tierra, los ríos y el suelo. Soy fría o tibia, depende del día, ¿quién soy, que trae alegría?

104

De arena estoy hecha, a veces cerca del mar, tengo dunas que al viento podrás admirar. ¿Quién soy?

105

Soy blanca y ligera, floto en el cielo con gracia entera. Traigo lluvia, o solo paseo, ¿quién soy?

106

Soy como una bola de fuego que pasa rápido y en el cielo de noche me puedes mirar. Pide deseos cuando me veas pasar, ¿quién soy en el anochecer?

107

En el campo y el jardín, crezco sin parar, mis pétalos son suaves y me pongo a brillar. De mil colores me verás brotar, ¿quién soy?

108

Soy grande y azul, no dejo de mojar, cubro continentes sin descansar. En mis aguas viven miles de seres, ¿quién soy?

109

De arena y rocas sin igual, mi extensión es grande y mi calor fatal. En mis dunas puedes caminar, ¿quién soy que te hará desear el mar?

110

En lo alto de la montaña nací, por colinas y valles me verás fluir. A veces tranquilo, a veces veloz, ¿quién soy que en el mar terminaré hoy?

Respuestas

91. Mariposa
92. Sol
93. Luna
94. Árbol
95. Nieve
96. Trueno
97. Montaña
98. Arcoiris
99. Viento
100. Río
101. Estrella
102. Volcán
103. Lluvia
104. Desierto
105. Nube
106. Estrella fugaz
107. Flor
108. Océano
109. Desierto
110. Río

Transportes

111

Voy por las vías sin parar, llevando gente de un lugar a otro. Silbo fuerte al arrancar, ¿quién soy que no paro de viajar?

112

Ruedo por la carretera con gran motor, llevo pasajeros con mucho vigor. Tengo ventanas y asientos también, ¿quién soy que te llevo tan bien?

113

Me ves por el cielo, soy grande y veloz, con alas muy largas vuelo sin temor. Llevo a la gente de aquí para allá, ¿quién soy que por las nubes va?

114

En dos ruedas me verás andar, con pedales me pongo a rodar. Sin motor, pero veloz puedo ir, ¿quién soy que me ves venir?

115

Voy por el agua sin descanso, tengo velas o motor, según el caso. Soy grande o pequeño, pero floto sin parar, ¿quién soy que cruzo el mar?

116

No tengo ruedas pero vuelo en el aire, mis hélices giran y te llevo por cualquier parte. Soy pequeño y ligero, y subo sin temor, ¿quién soy?

117

En las ciudades grandes me verás pasar, bajo la tierra me pongo a viajar. Rápido y eficiente te llevo en un segundo, ¿quién soy?

118

Voy por la calle en fila sin parar, llevo a los niños al colegio a estudiar. Soy amarillo y grande al andar, ¿quién soy?

119

Tengo cuatro ruedas y un gran volante, con gasolina soy importante. Me ves en las calles todo el día, ¿quién soy que te llevo con alegría?

120

De dos ruedas y muy veloz, mi motor es ruidoso. Me ves en la ciudad o en la carretera, ¿quién soy que acelero sin espera?

121

Voy por las vías y puedo cargar, las muchas mercancías que vas a enviar. Soy lento pero fuerte, siempre con labor, ¿quién soy que trabajo con motor?

122

Soy largo y pesado, lleno de contenedores, cruzo los mares, entre los vapores. Llevo mercancía a cada rincón, ¿quién soy que navego sin temor?

123

Voy despacio y con pedal, pero en las montañas soy genial. Con ruedas gruesas por rocas paso, ¿quién soy que subo sin atraso?

124

En los cielos altos, despacio puedo ir, llevo a los viajeros que quieren subir. No tengo motor, pero floto sin temor, ¿quién soy?

125

Soy muy fuerte y robusto al andar, en las construcciones me verás pasar. Levanto cosas grandes con mi gran pala, ¿quién soy que trabajo con calma?

126

Me verás por el mar navegar, llevando pasajeros de un lugar a otro. Soy grande y elegante, lleno de diversión, ¿quién soy en esta ocasión?

127

Tengo sirenas y luces sin parar, llevo a los enfermos sin descansar. Soy blanca y rápida, siempre a salvar, ¿quién soy que no dejo de andar?

128

Voy por las vías, pero no de tren, llevo gente en las ciudades también. A veces soy antiguo, a veces moderno, ¿quién soy?

129

Con sirena y manguera corro sin parar, apago incendios en cualquier lugar. Rojo y brillante, veloz al andar, ¿quién soy que siempre llega a ayudar?

130

Con luces y sirenas paso a gran velocidad, cuido de la gente con gran autoridad. En la ciudad siempre me verás, ¿quién soy que las calles voy a cuidar?

Respuestas

111. Tren
112. Autobús
113. Avión
114. Bicicleta
115. Barco
116. Helicóptero
117. Metro
118. Bus escolar
119. Auto
120. Motocicleta
121. Tren de carga
122. Buque carguero
123. Bicicleta montañera
124. Globo aerostático
125. Excavadora
126. Crucero
127. Ambulancia
128. Tranvía
129. Carro de bombero
130. Carro de policía

Oficios y profesiones

131

Con su uniforme blanco y su gran vocación, cuidan de los enfermos con mucha atención. Receta medicinas y cura tu dolor, ¿quién es?

132

Con tijeras en mano y peine sin parar, corta el cabello para hacerlo brillar. En su silla te sientas y sales mejor, ¿quién es?

133

Con ladrillos y cemento su obra va a empezar, construye casas y edificios sin parar. Sus manos son fuertes y su casco es esencial, ¿quién es que lo hace todo genial?

134

Lleva una manguera y un casco especial, apaga los incendios con esfuerzo total. Siempre está listo para cualquier labor, ¿quién es que trabaja con fervor?

135

Tiene un delantal y un gorro también, en la cocina es un gran sostén. Prepara los platos con mucho amor, ¿quién es que tiene tanto sabor?

136

Con su pluma y su papel escribe lo que ve, noticias te cuenta por doquier. Siempre informado, su trabajo es narrar, ¿quién es que te viene a informar?

137

Con bata y microscopio siempre en el laboratorio, estudia las cosas y hace su repertorio. Investiga y prueba para todo mejorar, ¿quién es?

138

Tiene un martillo, clavos y madera, construye cosas con destreza. Muebles y puertas puede crear, ¿quién es que siempre puede trabajar?

139

En el colegio te enseña a sumar, también a leer y a escribir sin parar. Con libros y pizarras te da el saber, ¿quién es que te hace aprender?

140

Con bata blanca y mucho saber, tus dientes cuida para que estén bien. Saca, limpia y arregla con esmero, ¿quién es?

141

Repara cables y da luz a tu hogar, sabe de corriente y no deja de trabajar. Con alicates y cascos en la labor, ¿quién es?

142

Con sus brochas y colores, pinta una pared, deja las casas bonitas para que se vean bien. Su trabajo es limpio, su arte genial, ¿quién es que lo hace sin igual?

143

Con mapas y compases navega el mar, lleva su barco de aquí para allá. Dirige la nave con gran devoción, ¿quién es que sigue su misión?

144

Cuida tus flores con gran esmero, riega tus plantas todo el sendero. Con sus manos todo florecerá, ¿quién es que lo hará de verdad?

145

Atrapa a los ladrones con gran valentía, cuida a la gente de noche y de día. Lleva su placa con gran valor, ¿quién es que trabaja con honor?

146

Con bata blanca y en una farmacia está, te da las medicinas que te curarán. Sabe de fórmulas y de medicina, ¿quién es?

147

Con pinceles en mano y lienzo a la vista, crea grandes obras de forma optimista. Dibuja y pinta con gran inspiración, ¿quién es?

148

Con su telescopio mira el cielo sin parar, estudia los planetas y las estrellas al pasar. Nos cuenta los misterios de la galaxia total, ¿quién es que explora todo sin cesar?

149

Cuida tus derechos con sabiduría, en el tribunal o en la oficina te guía. Habla por ti en cada ocasión, ¿quién es que lucha con pasión?

150

Con libros y leyes, y códigos también, organiza los contratos y los lee bien. Firma los papeles con gran decisión, ¿quién es que trabaja con razón?

Respuestas

131. Doctor
132. Peluquero
133. Albañil
134. Bombero
135. Chef
136. Periodista
137. Científico
138. Carpintero
139. Maestro
140. Dentista
141. Electricista
142. Pintor
143. Capitán de barco
144. Jardinero
145. Policía
146. Farmacéutico
147. Artista
148. Astrónomo
149. Abogado
150. Notario

Cosas del colegio

151

Con tinta escribo sobre el papel, en clase me usas una y otra vez. A veces de colores, otras en azul, ¿quién soy?

152

En mí guardas libros, cuadernos y más, me llevas a la espalda sin ningún temor. Tengo cremalleras y correas también, ¿quién soy que te llevo todo con seguridad?

153

Cuando te equivocas, me usas sin parar, borro lo escrito para volver a empezar. Soy pequeña y suave, en tu estuche estoy, ¿quién soy?

154

Con hojas y líneas, me abrirás sin dudar, en mí tus ideas podrás anotar. Para hacer tus deberes siempre fiel estaré, ¿quién soy que en tu mochila llevarás también?

155

Soy de madera con una mina dentro que escribe muy bien. Me sacas punta para funcionar mejor, ¿quién soy?

156

En la pared me cuelgo sin cesar, escribes con tiza para luego borrar. En clase me miras para estudiar, ¿quién soy que te hace pensar?

157

Con páginas llenas de letras y saber, te cuento historias o te enseño a aprender. Me abres y lees con gran emoción, ¿quién soy que te doy la lección?

158

Tengo formas y colores sin igual, para subrayar lo importante soy ideal. En amarillo, rosa o verde me verás brillar, ¿quién soy que te ayuda a estudiar?

159

Me utilizar para medir, soy tu aliado en la clase para construir. Dibujo líneas rectas y otras no, ¿quién soy?

160

Soy de papel y siempre a tu lado, en mí escribes y dibujas cuando es necesario. Blanco o de colores, siempre fiel estoy, ¿quién soy?

161

Conmigo afilas a la hora de escribir, soy pequeño pero muy útil para ti. Giras y giras hasta hacer quedar bien, ¿quién soy en tu estuche también?

162

De colores distintos puedo ser, en las artes soy tu gran placer. Con pinceles y agua me verás brillar, ¿quién soy que en la clase no puede faltar?

163

Soy cuadrada o rectangular tal vez, me llevas al cole una y otra vez. Dentro me pones lo que vas a comer, ¿quién soy que te ayuda a crecer?

164

Te enseño el mundo, soy redonda sin igual, con países y mares en todo mi lugar. Me miras para aprender dónde estás, ¿quién soy que gira sin parar?

165

Con mis teclas escribes y calculas también, en clase me usas una y otra vez. Siempre te ayudo a resolver, ¿quién soy que nunca me equivocaré?

166

Te sientas en mi a diario para estudiar, soy tu compañera en el aula escolar. Con respaldar y patas soy ideal, ¿quién soy que siempre está igual?

167

Al sonar mi timbre, todos han de correr, indica que la clase acaba de caer. A veces suena fuerte, a veces suave es, ¿quién soy que anuncia el deber?

168

En mi interior guardo todo con orden y amor, lápices, borradores y mucho color. Siempre en tu mochila me llevarás, ¿quién soy que te acompaña a estudiar?

169

Con filo y dos hojas me verás cortar, papeles y telas sin dudar. En tu mano trabajo sin parar, ¿quién soy que te ayuda a recortar?

Soy de muchos tonos, desde el rojo al azul, en el papel dibujo sin inquietud. En tu estuche siempre estaré, ¿quién soy que te hace crear también?

Respuestas

151. Bolígrafo
152. Mochila
153. Borrador
154. Cuaderno
155. Lápiz
156. Pizarra
157. Libro
158. Resaltador
159. Regla
160. Hoja en blanco
161. Sacapuntas
162. Pintura
163. Lonchera
164. Globo terráqueo
165. Calculadora
166. Silla
167. Campana
168. Cartuchera
169. Tijera
170. Colores

Lugares y países

171

En este lugar todo es diversión, montañas rusas y juegos son la emoción. A los niños encanta y a los grandes igual, ¿quién soy?

172

Es un país muy frío, lleno de nieve y glaciar, donde viven osos blancos y auroras ves brillar. En el norte lejano siempre está, ¿qué lugar es?

173

Tengo torres y castillos por doquier, como el Windsor puedes ver, en mí viven reyes que debes conocer. En Europa estoy ¿quién soy?

174

Este país tiene samba y carnaval, la gente baila en las playas sin igual. Con selvas y ríos grandes de ver, ¿quién soy que te haré mover?

175

Es la ciudad que no duerme jamás, con rascacielos y luces que no dejarás de mirar. La Estatua de la Libertad te saludará, ¿qué ciudad soy?

176

En este lugar, lo primero que verás, son pirámides antiguas que te encantarán. Faraones y tumbas a explorar, ¿quién soy que la historia te hará recordar?

177

Tengo playas muy blancas y aguas sin igual, las olas suaves te hacen descansar. Soy famosa en Asia por mi esplendor, ¿quién soy que te lleno de amor?

178

En este país hay toros y sol, paella, flamenco y mucho color. La fiesta es grande en cualquier lugar, ¿quién soy que te hará bailar?

179

Soy una gran ciudad en el corazón de Francia, tengo una torre alta que es una elegancia. Mis calles de luces te harán suspirar, ¿quién soy que te hará enamorar?

180

Es un país del lejano oriente, donde el sol nace y la gente es valiente. Con templos y samuráis, te invitaré a pasear, ¿qué país soy?

181

Soy un país lleno de canguros, con desiertos rojos y mares puros. Ópera y playas vas a encontrar, ¿quién soy que te va a encantar?

182

En este país montañas verás, templos y monjes en silencio hallarás. Muy cerca del Himalaya estoy, ¿qué país soy?

183

Es un país rodeado por agua y selva, donde las ruinas mayas te invitan a verla. Su mar es Caribe, su historia es rica, ¿qué país soy?

184

En este lugar, la pasta es la razón, con pizza y gelato hay mucha pasión. Tienen una torre que se va a caer, ¿quién soy que te hará comer?

185

Soy un país con volcanes y café, con selvas y fauna que te hace entretener. En Centroamérica te haré gozar, ¿quién soy que no te dejará de asombrar?

186

En este lugar frío del sur, verás pingüinos saltar sin preocupación. ¿Qué continente soy?

187

Este país tiene un muro sin final, con dragones y templos sin igual. En Asia me encontrarás al andar, ¿quién soy que te invita a viajar?

188

Soy una ciudad muy moderna y genial, con casinos y luces, todo es muy especial. De día y de noche no paro de brillar, ¿quién soy que no puedes olvidar?

189

Tengo ruinas antiguas que te harán aprender. Los gladiadores luchaban aquí, ¿quién soy?

190

En África estoy, con elefantes y leones que saltan hoy. Safaris y desiertos vas a admirar, ¿quién soy que te invito a viajar?

191

Este lugar es famoso por su canal, donde barcos pasan sin parar. En Centroamérica te invito a cruzar, ¿quién soy que te haré navegar?

192

Es una ciudad de rascacielos y oro, donde los safaris y autos son de lujo. En el desierto me encontrarás, ¿qué país soy?

193

En el sur de América me haré encontrar, tango y carne no pueden faltar. Las cataratas del Iguazú verás, ¿quién soy que con pasión disfrutarás?

194

En Sudamérica tengo café sin igual, mis flores y esmeraldas te harán admirar. Con montañas y playas sin comparación, ¿quién soy en esta ocasión?

195

Soy un país lleno de historia y tradición, con Machu Picchu en la montaña en su esplendor. La papa es mi orgullo, la cultura mi voz, ¿quién soy que te lleva a los Andes hoy?

196

Es una ciudad flotante, todo un lugar especial, con góndolas por canales te haré pasear. En Italia me encontrarás al pasar, ¿qué ciudad soy?

197

Soy el país más grande en extensión, con inviernos fríos y mucha tradición. Moscú y sus cúpulas te harán admirar, ¿quién soy que te invito a viajar?

198

Con templos y colores te sorprenderé, el Taj Mahal entre mis joyas podrás ver. Mis especias y sabores te enamorarán, ¿quién soy que siempre recordarás?

199

Con castillos y cerveza me reconocerás, autos veloces y tecnología sin igual. Berlín es mi centro, con historia por contar, ¿quién soy que te hará pensar?

200

Tengo playas caribeñas y selvas también, el Salto Ángel es una de mis joyas también. Con arepas y tambores te haré disfrutar, ¿quién soy que te hará bailar?

Respuestas

171. Parque de diversiones
172. Canadá
173. Inglaterra
174. Brasil
175. Nueva York
176. Egipto
177. Maldivas
178. España
179. París
180. Japón
181. Australia
182. Nepal
183. México
184. Italia
185. Costa Rica
186. Antártida
187. China
188. Las Vegas
189. El Coliseo Romano
190. Kenia
191. Panamá
192. Dubái
193. Argentina
194. Colombia
195. Perú
196. Venecia
197. Rusia
198. India
199. Alemania
200. Venezuela

Cosas curiosas y divertidas

201

Soy redonda y a veces ovalada, cuando me lanzas vuelo encantada. Si me pateas fuerte al jugar, ¿quién soy que no dejo de rodar?

202

Tengo teclas por montón, en mí escribes con atención. Enciendo luces y te hago pensar, ¿quién soy que no paro de funcionar?

203

Me inflas y subo sin parar, en fiestas me verás saltar. De muchos colores soy genial, ¿quién soy que floto sin igual?

204

Tengo rayas blancas y negras también, en la carretera me ves muy bien. Me cruzas caminando con gran razón, ¿quién soy en esta ocasión?

205

Soy suave y redondo, y me puedes abrazar, en tu cama me encontrarás. De noche me buscas para descansar, ¿quién soy que te ayuda a soñar?

206

Me llevas contigo a cualquier lugar, en mí guardas monedas sin parar. A veces con cremallera, otras con botón, ¿quién soy?

207

Con colores y agua me verás brillar, cuando llueve y sale el sol sin parar. Mi arco se extiende en el cielo total, ¿quién soy que aparece genial?

208

Soy suave y peludo, de orejas largas tal vez, me abrazas y no me sueltas, lo sé muy bien. Me encuentras en tu cama o en tu rincón, ¿quién soy?

209

Vuelo y floto sobre el mar, me llevas al viento para jugar. Mi tela es ligera, mi cola va detrás, ¿quién soy que siempre subo más?

210

Soy de cristal y te veo cuando me miras. Estoy en tu pared o en tu mano tal vez, ¿quién soy que refleja tu ser al revés?

211

Soy una figura de mil caras, con formas y colores que no te paras. Me giras y me mueves sin cesar, ¿quién soy que te cuesta armar?

212

Soy de tela y con miles de hilos, me pongo en la playa o en tu jardín. Me balanceo de aquí para allá, ¿quién soy que te va a relajar?

213

Soy un palo largo y muy curioso. Para sacar fotos en cualquier lugar estoy, ¿quién soy que te hará posar hoy?

214

Voy por el cielo, y no soy avión, tengo aspas que giran con gran precisión. Me manejas a distancia y vuelo sin parar, ¿quién soy que no dejo de volar?

215

Soy pequeño de colores y redondo, en la boca me pones para masticar. Mi sabor es fresco y a veces genial, ¿quién soy que no te puedo faltar?

216

En los cumpleaños soy esencial, lleno de velas y decoración especial. Soy dulce y esponjoso, no lo puedes negar, ¿quién soy que siempre vas a disfrutar?

217

Soy una cuerda con la que saltarás, en el recreo o en casa me verás. Me sostienes con fuerza para brincar, ¿quién soy que te hace disfrutar?

218

Sin moverme, sin tocarte, puedo hacerte ver cosas y lugares, y en segundos puedo transportarte. Estoy en muchas casas y soy común, ¿quién soy que te lleva a donde quieras tú?

219

Soy invisible y ligero, pero a todos nos envuelvo entero. Gracias a mí, puedes respirar, pero en el vacío no me podrás hallar. ¿Quién soy?

220

Aunque es el órgano más grande de tu cuerpo, su peso no sentirás. Te protege y regula, y sin ella no podrías vivir en paz. ¿Qué es?

Respuestas

201. Pelota
202. Computadora
203. Globo
204. Paso de cebra
205. Almohada
206. Monedero
207. Arcoíris
208. Peluche
209. Cometa
210. Espejo
211. Cubo de rubik
212. Hamaca
213. Palo de selfie
214. Dron
215. Chicle
216. Pastel
217. Cuerda de saltar
218. Televisión
219. Aire
220. La piel

Cuentos y películas

221

Una niña de rojo por el bosque pasó, con una canasta a su abuela buscó. El lobo feroz la quiso engañar, ¿quién es que lo supo evitar?

222

En una calabaza ella viajó, con su hada madrina al baile llegó. El príncipe encantado su zapato buscó, ¿quién es que la magia usó?

223

En una torre muy alta vivió, con su largo cabello, un príncipe subió. Prisionera de una bruja se quedó, ¿quién es que su libertad soñó?

224

Tres casitas hicieron para vivir, un lobo feroz las quería destruir. De paja y ladrillo las casas formó, ¿quiénes son que al lobo enfrentó?

225

Durmió cien años por un mal hechizo, pero un príncipe la besó muy preciso. Un sueño profundo la mantuvo quieta, ¿quién es esta princesa tan bella?

226

Bajo el mar ella siempre vivió, soñando con piernas un día corrió. Con su gran amor decidió luchar, ¿quién es que todo por amor quiso dar?

227

De madera es él, pero quiere ser real, con mentiras su nariz se hace alargar. Un hada azul lo viene a ayudar, ¿quién es que sus sueños hará realidad?

228

Con siete amigos ella vivió, y una manzana envenenada la durmió. Un príncipe llegó para despertarla, ¿quién es esta princesa encantada?

229

En un castillo ella leyó y leyó, con una bestia al final se quedó. Su corazón tan noble transformó, ¿quién es que el amor verdadero encontró?

230

Un gato con botas se convirtió, y a su dueño la suerte le dio. Astuto y ágil, siempre victorioso, ¿quién es este felino tan curioso?

231

Es un auto veloz que va a ganar, con sus amigos corre sin parar. En la pista es todo un campeón, ¿quién es que acelera de corazón?

232

En la selva creció, entre monos vivió, su amigo es un gorila que siempre lo cuidó. A gritos y saltos se hace escuchar, ¿quién es que en la jungla va a jugar?

233

En la mente de Riley, muchas emociones verás, alegría, tristeza, y más allá. Colores y sentimientos vas a encontrar, ¿quiénes son los que te harán pensar?

234

De juguetes la historia siempre vas a amar, con vaqueros y astronautas, se puede volar. En la habitación de Andy todos están, ¿quiénes son que a la aventura irán?

235

Un ogro verde que en su pantano vivió, con burro y princesa su historia cambió. Con mucho humor y amor en su andar, ¿quién es que te hará disfrutar?

236

Robots que en autos se pueden transformar, luchan en la Tierra sin descansar. Optimus y Bumblebee van a pelear, ¿quiénes son que no dejan de luchar?

237

Una casa voladora al cielo subió, con globos de colores todo se elevó. Un abuelo y un niño en un viaje irán, ¿quiénes son que en el aire estarán?

238

Un pez perdido en el mar debes hallar, su papá valiente lo quiere encontrar. Entre tiburones y tortugas se fue, ¿qué película es?

239

Una familia de héroes con superpoder, luchan juntos para vencer. Fuerza y velocidad en su historia verás, ¿quiénes son que no paran jamás?

240

Un ratón chef en París vas a encontrar, cocina delicioso con mucho afán. En la gran ciudad su sueño cumplirá, ¿qué película es?

Respuestas

221. Caperucita roja
222. Cenicienta
223. Rapunzel
224. Los tres cerditos
225. La bella durmiente
226. La sirenita
227. Pinocho
228. Blancanieves
229. La bella y la bestia
230. El gato con botas
231. Cars
232. Tarzán
233. Intensamente
234. Toy Story
235. Shrek
236. Transformers
237. Up
238. Buscando a Nemo
239. Los increíbles
240. Ratatouille

Deportes

241

Con una pelota debes encestar, en un aro en lo alto podrás saltar corriendo sin parar. ¿Qué deporte soy?

242

Con raquetas, pelotas y una red, corres y golpeas con fuerza y fe. De un lado a otro, la pelota rápido va, ¿que deporte soy que te hará sudar?

243

Con guantes en mano al ring entrarás, con puños firmes combatirás. Ganas con fuerza y precisión, ¿quién soy que es pura acción?

244

Corro en el campo de aquí para allá, pateo el balón y lo hago volar. Con goles y pases, el equipo ganará, ¿quién soy que te hará gritar?

245

En la piscina me verás nadar, con brazadas fuertes a competir sin parar. El más rápido ganará la ocasión, ¿quién soy que te trae emoción?

246

Con patines en los pies me verás deslizar, en una pista grande o al aire sin parar. Saltos y giros debo lograr, ¿qué deporte soy?

247

Con un bate en mano y guante al lanzar, en el campo jugamos sin parar. Corro las bases al batear, ¿quién soy que te hará celebrar?

248

Pedaleando rápido y sin parar, por montañas o carreteras me verás pasar. Con casco y ruedas me verás rodar, ¿quién soy que te hago avanzar?

249

Con una tabla me verás saltar, en olas enormes me quiero lanzar. Me lanzo en el agua con gran emoción, ¿quién soy en esta ocasión?

250

Con espadas de metal debo luchar, defendiendo mi honor sin parar. Un combate de agilidad es lo que verás, ¿qué deporte soy?

Respuestas

241. Baloncesto
242. Tenis
243. Boxeo
244. Fútbol
245. Natación
246. Patinaje artístico
247. Béisbol
248. Ciclismo
249. Surf
250. Esgrima

Maravillas del mundo

251

Es una pirámide que te va a asombrar, en el antiguo Egipto la puedes hallar. Con tumbas y misterios que vas a explorar, ¿quién soy que te hará imaginar?

252

En Roma me encontrarás, un anfiteatro espectacular. Allí los gladiadores solían pelear, ¿quién soy que la historia te va a contar?

253

Una estatua gigante de gran corazón, con los brazos abiertos en cada ocasión. En Brasil la puedes hallar, ¿quién soy que te hará admirar?

254

En el desierto mexicano me hallarás, con templos y pirámides que te sorprenderán. Los mayas me construyeron con gran dedicación, ¿quién soy en esta ocasión?

Entre montañas me verás brillar, una ciudad inca difícil de alcanzar. En el Perú, la historia encontrarás, ¿quién soy que te hará caminar?

Repuestas

Partes del cuerpo humano

256

Siempre estoy bombeando, no paro jamás, llevo la sangre a donde vas. En el pecho me encontrarás, ¿quién soy?

257

Te abro y te cierro en un pestañear, de diferentes colores me podrás hallar. Con pupilas y lentes, puedo ver el lugar, ¿quién soy que te hago mirar?

258

Al morder y al sonreír, siempre me verás, aunque crezco solo dos veces, siempre estaré detrás. Me cepillas a diario para cuidar, ¿quién soy en tu boca para brillar?

259

Soy el órgano que piensa y siente sin cesar, guardo tus recuerdos y te hago razonar. Sin mí no podrías recordar, ¿quién soy?

260

En el día y en la noche escucho sin cesar, por dentro y por fuera sonidos podrás hallar. Con orejas me identifico, ¿quién soy que te ayuda a escuchar?

261

Al inhalar y exhalar, trabajo sin parar, soy el que te lleva oxígeno para respirar. Dentro del pecho me verás inflar, ¿quién soy?

262

Con ellas caminas de un lado a otro lugar, te sostienen firme, no te dejan parar. Con dedos y uñas me podrás hallar, ¿quién soy que te ayuda a andar?

263

Tomo los sabores dulces, ácidos y salados, en tu boca estoy y te dejo encantado. Me ayudas a hablar y también a saborear, ¿quién soy que te hace disfrutar?

264

Sin mí no podrías digerir, y en tu abdomen me encuentras allí. Absorbo los nutrientes para vivir, ¿quién soy?

265

Son largas y fuertes, te ayudan a correr, sostienen tu cuerpo, y te hacen mover. ¿Quiénes son, adivina bien?

266

Cubro tu cabeza con estilo y color, me puedes cortar y cambiar sin temor. A veces lacio, otras rizado, ¿quién soy que en tu peinado he quedado?

267

Se mueven en la boca sin parar, ¿quiénes son que ayudan a masticar?

268

Al oler una flor o la comida más sabrosa, yo soy el que lleva el aroma. En el centro de tu cara me podrás hallar, ¿quién soy que te hace oler al pasar?

269

Soy de diferentes tamaños y formas, dos en la frente, a veces sin normas. Te protejo del sol y el polvo al mirar, ¿quién soy que no me puedes olvidar?

270

Blanco y fuerte por dentro estoy, soy la estructura que siempre sentirás hoy. Sin mí no podrías caminar ni estar, ¿quién soy que te da estabilidad al pasar?

271

Cubro todo tu cuerpo de pies a cabeza, te protejo del sol y te doy fortaleza. A veces suave, otras con color, ¿quién soy que sientes al calor?

272

Soy flexible y ligero, en el brazo me encontrarás. Permito que escribas y agarres bien, ¿quién soy que en el antebrazo verás también?

273

En cada dedo estoy y no hay dos iguales ¿quién soy que en cada mano tendrás?

274

Mi función es importante y siempre vital, filtrar lo que comes es mi labor esencial. Con dos pares en la espalda estoy, ¿quién soy que la sangre filtro hoy?

275

Me muevo con fuerza y dirección, soy rojo y potente en circulación, ¿quién soy?

276

Siento todo lo que tocas, frío y calor, soy sensible y me protejo del sol. ¿Quién soy?

277

Soy la unión de huesos en tu cuerpo y me flexiono al caminar. En codos y rodillas me podrás hallar, ¿quién soy que te permite girar?

278

Soy el borde de tu boca que al sonreír verás, a veces rojo o natural estarás. Con palabras me puedes mover, ¿quién soy que siempre verás?

279

Ayudo al corazón a latir sin cesar, llevo oxígeno y nutrientes sin parar. Soy un gran sistema para funcionar, ¿quién soy?

280

Soy largo y retorcido, te ayudo a absorber, soy parte importante para hacerte crecer. Los nutrientes de la comida te daré, ¿quién soy que en tu abdomen verás también?

281

Protejo tus ojos, no puedo faltar. Parpadeo sin cesar, ¿quién soy que sin duda verás?

282

Soy el órgano más grande de todos y te cubro entero, de punta a pie sin fin. Al frío y al calor te hago resistir, ¿quién soy que te hace sentir?

283

Siempre a tu lado me encontrarás, con codo y muñeca me podrás doblar. Levanto y agarro, no paro de andar, ¿quién soy que te ayuda a saludar?

284

Me usas para hablar y para saborear, en tu boca estoy y no paro de girar. Dulce, salado o ácido podrás notar, ¿quién soy que te ayuda a disfrutar?

285

Me pongo fuerte cuando quieres mover, en brazos y piernas me harás crecer. Con ejercicio me podrás activar, ¿quién soy que te da la fuerza al andar?

286

Soy el centro de todo, te hago pensar, contigo siento y puedo recordar. En la cabeza siempre me hallarás, ¿quién soy que sin mí no andarás?

287

Al doblar tu pierna me verás aparecer, soy una articulación que no deja de hacer. En cada paso me pongo a girar, ¿quién soy que ayuda a caminar?

288

Soy como tuberías que no puedes ver, llevo la sangre a donde debe correr. Me extiendo por todo tu cuerpo con gran precisión, ¿quién soy que forma una red en tu interior?

289

Formo el esqueleto y doy firmeza también, sin mí, en pie no podrías estar bien. Blancos y fuertes dentro de ti estoy, ¿quién soy?

290

Soy el hueso más largo en tu cuerpo, en la pierna te doy fuerza y estabilidad también. Sin mí, no podrías soportar tu peso, ¿quién soy que te ayuda a caminar?

Respuestas

256. Corazón
257. Ojo
258. Dientes
259. Cerebro
260. Oído
261. Pulmones
262. Pies
263. Lengua
264. Estómago
265. Piernas
266. Cabello
267. Muelas
268. Nariz
269. Cejas
270. Esqueleto
271. Piel
272. Mano
273. Huellas
274. Riñones
275. Sangre
276. Piel
277. Articulaciones
278. Labios
279. Sistema circulatorio
280. Intestino
281. Pestañas
282. Piel
283. Brazo
284. Lengua
285. Músculos.

286. Cerebro
287. Rodilla
288. Venas
289. Huesos
290. Fémur

Cosas de la cocina

291

Conmigo cortas sin cesar, frutas y verduras al preparar. Tengo filo y soy de metal, ¿quién soy que te ayuda a cocinar?

292

Soy de vidrio y a veces de plástico, con tapa también, en la mesa me verás servir muy bien. Mantengo las bebidas frías o calientes tal vez, ¿quién soy que llena los vasos después?

293

Soy grande y fría, no dejo de enfriar, guardo tus alimentos para conservar. En la cocina siempre estaré, ¿quién soy que todo te haré tener?

294

A veces cuadrado, otras redondo, en mí horneas lo que más se te antoja. Pasteles y panes en mí harán, ¿quién soy?

295

Soy de metal y a veces de plástico también, revuelvo, mezclo y sirvo muy bien. Con mi forma redonda te ayudaré a comer, ¿quién soy?

296

De cerámica o de vidrio me podrás hallar, me llenas de café o té para disfrutar. Tengo un asa para sujetar, ¿quién soy?

297

Me llenas de agua para calentar, cuando hiervo suena mi cantar. De té y café soy gran amigo, ¿quién soy?

298

Soy de metal o barro también, con dos asas me encuentras muy bien. En el fuego cocino sin cesar, ¿quién soy?

299

De metal y plana, al fuego me verás, para freír y dorar me usarás. Con aceite caliente podrás cocinar, ¿quién soy que te hace disfrutar?

300

Con dientes muy finos siempre estoy, y en la comida te
ayudo un montón. En la mesa no puedo faltar, ¿quién
soy que te ayuda a comer sin parar?

301

Blanca y fina, de grano chiquito, en la comida soy
exquisita. Realzo los sabores sin dudar, ¿quién soy que
te hace disfrutar?

Respuestas

291. Cuchillo
292. Jarra
293. Refrigeradora
294. Horno microondas
295. Cuchara
296. Taza
297. Hervidora
298. Olla
299. Sartén
300. Tenedor
301. Sal